ÉDOUARD GRARDEL

Découverte de Milliards

PARIS

ALBERT MESSEIN, ÉDITEUR

Successeur de LÉON VANIER

19, QUAI SAINT MICHEL, 19

1911

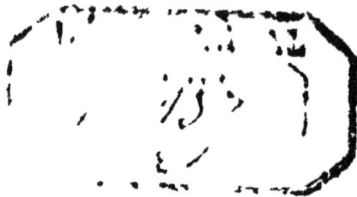

Découverte

de Milliards

DU MÊME AUTEUR

Chez Messein, éditeur, 19, quai Saint-Michel, Paris

En liberté (La Bride sur le cou). . . . . 2 fr. »»
Courses françaises, brochure . . . . 2 fr »»
Conférence de Bruxelles, brochure. . . . . . o fr. 5o
Vers le bonheur (Nouvelle Bible), roman. . . . 3 fr. 5o
Basine, roman . . . . 3 fr. 5o
La Congréganiste, pièce en 5 actes . . . . . 2 fr. »»
Le Travail et l'Amour, roman. . . . . 2 fr. 5o
Le Ventre, drame en 5 actes . . . . 2 fr. 5o
Remember }
Vers le Malheur } Ces deux romans sont parus en feuilleton.

Sur le point de paraître :

Les Héritiers de Jean Thierry. Pour ce dernier livre, le demander directement à l'auteur, 10, rue Delpech, à Amiens.

ÉDOUARD GRARDEL

Découverte de Milliards

PARIS

ALBERT MESSEIN, ÉDITEUR

Successeur de LÉON VANIER

19, QUAI SAINT-MICHEL, 19

1911

MOBILISATION DE LA FORTUNE IMMOBILIÈRE

—

AVANT L'INVENTION DE LA MONNAIE

Avant l'institution de la monnaie, le commerce consistait en échange d'objets et de victuailles.

Exemple : Le chasseur échangeait un daim pour une paire de sandales.

Le propriétaire d'une peau de bête la donnait contre une hache de silex ou de fer.

On conçoit combien difficiles les transactions. Le gibier devait être immédiatement échangé contre les sandales, et la dépouille d'un animal valait plus ou moins la hache de silex ou de fer. D'où toujours inégalité de valeur entre les matières échangées. Le commerce prend de fait naissance avec l'institution de la monnaie. Aussitôt le chasseur n'échange plus de gibier contre un produit quelconque, produit dont il peut ne pas avoir besoin immédiatement, mais il substitue à son daim un petit lingot de métal précieux.

Ce lingot, il le rangera soigneusement, pour l'en sortir le jour où il achètera un objet utile ou agréable.

Crésus (548 av. J.-C.), inventeur de la monnaie, paraît-il, a cherché pour la représenter le métal le plus rare afin de renfermer la plus grande valeur sous le plus petit volume. —

Le métal le plus rare du temps de Crésus était l'or. Et l'or fut choisi.

Depuis cette époque ce métal est resté très rare, malgré les nombreuses découvertes de mines d'or.

Et plus un objet est rare, plus il est recherché, moins il est prodigué.

L'OR EST ENCORE TROP RARE

L'or, monnaie, est aujourd'hui si rare qu'il est conservé avec le plus grand soin par tous ceux qui le possèdent. On le risque difficilement dans les entreprises, car on sait que le perdant, il est presque impossible de le retrouver ; et perdre son or, c'est perdre la facilité de s'offrir dans la vie, les objets utiles et agréables.

Sans doute on appelle aussi monnaie les pièces d'argent et autres ; ces pièces ont une valeur intrinsèque inférieure à celle qu'elles représentent. Elles sont monnaies, car elles peuvent s'échanger contre des objets et des victuailles. Elles servent au commerce.

Elles ont cours, sans qu'il soit nécessaire de décréter pour elles le cours forcé. Cette dernière considération est à retenir.

∴

Comme l'or est rare, les banquiers s'en emparent

pour en faire trafic et le vendre. Ils donnent 95 francs qu'ils font payer 100 francs.

L'or augmente de valeur selon les pays et selon les temps.

Parfois les banquiers ne donnent que 93 ou 94 francs qu'ils font payer 100 francs.

Cette rareté de l'or fait que la monnaie est rare.

QUAND LA MONNAIE NE SERA PLUS RARE

Si par un procédé quelconque nous pouvons rendre moins rare la monnaie, nous aurons fait disparaître de cette terre les collectionneurs d'or ? les thésauriseurs qui vendent l'or ou l'enfouissent dans leurs caves et leurs coffres-forts.

Le jour où la monnaie sera moins rare, le nombre des prodigues augmentera.

L'ouvrier aurait mauvaise grâce s'il se plaignait de ce nouvel état de choses ? l'ouvrier gagne difficilement sa vie, il ne peut que se féliciter de vivre à côté des prodigues, au milieu de l'abondance, en plein gaspillage.

Il verra aussitôt sa situation changer, l'argent abondant entrera dans ses poches.

Cet argent lui viendra : naturellement, sans efforts.

En effet, les riches risqueront leur argent — car les capitaux deviendront moins rares — dans les entreprises industrielles, commerciales et agricoles.

Ces entreprises commerciales, industrielles et agricoles devenant plus importantes et plus nombreuses, la
main-d'œuvre sera plus recherchée ; dès lors le travail
de l'ouvrier sera prime. Et celui-ci élèvera immédiatement ses prétentions au sujet des salaires et des
heures de travail.

LA PLÉTHORE

On a objecté qu'il y aurait, dans ce cas, pléthore de
production.

S'il y a pléthore nous le verrons bien.

Les produits, dans cette occurrence baisseraient
et la consommation s'accroîtrait, le gaspillage naî-
trait.

Que le prix de l'habillement, vienne à baisser par
suite de la surproduction du linge et du vêtement,
l'ouvrier et l'ouvrière n'auront pas à s'en plaindre. Ils
se vêtiront d'une manière plus cossue.

Que les produits de la terre viennent à baisser par
suite de pléthore, les ouvriers n'auront pas davan-
tage à se désoler du bon marché des denrées alimen-
taires.

La pléthore dans la production, nous ne la crain-
drons jamais pour la classe laborieuse.

Le jour où il y aura pléthore, l'ouvrier vivra au milieu de l'abondance, et loin de regretter un pareil état de choses, nous y applaudirons. Les étrangers viendront s'installer chez nous pour vivre à bon marché.

Nous sommes donc partisan de rendre la monnaie moins rare, afin de majorer le salaire des ouvriers.

SALAIRES

Il existe une école parmi les ouvriers qui s'oppose à la majoration des salaires (1) ; car cette majoration,

(1) La majoration des salaires, surtout avec la division du travail, est tout à l'avantage des salariés.

Il faut être peu au courant du commerce et de l'industrie pour affirmer comme on nous l'a fait que toutes les denrées passent avant d'arriver au consommateur, successivement par quatre intermédiaires, intermédiaires qui se tailleraient chacun un bénéfice de 33 o/o sur le précédent.

Le fabricant, en réalité, ne prend qu'un bénéfice infime par unité. Mais comme il produit un grand nombre d'unités, son bénéfice total peut être important. Je dis peut être, car s'il est des fabricants qui s'enrichissent, il en est aussi qui se ruinent.

Quant au second intermédiaire, comme il vend par grosses quantités au troisième intermédia re il se contente également d'une petite plus-value par unité qui, nultipliée par la quantité, constitue, dans son ensemble, un asse. joli bénéfice.

Bien souvent ces deux intermédiaires sont remplacés par un employé, représentant le producteur, qui vend alors directement au consommateur.

En outre, la majoration des prix est limitée par la concurrence. Les concurrents se font la guerre avilissant les prix.

proclame cette école, entraîne une plus-value des produits : c'est vrai.

Cependant la majoration des salaires est tout à l'avantage des salariés. En effet, le nombre des consommateurs d'un produit est bien supérieur au nombre des producteurs de ce même produit. Ces consommateurs payent aux producteurs la majoration que ceux-ci demandent. Prenons, par exemple, la betterave.

Les producteurs de betteraves représentent environ cinq millions de têtes, les consommateurs de sucre français sont environ soixante millions, car la France a été jusqu'ici exportatrice de sucre.

Les consommateurs de sucre sont donc douze fois plus nombreux ; toute la majoration que paieront ces soixante millions de consommateurs, par suite de la surélévation des salaires des ouvriers betteraviers, reviendra en partie aux cinq millions de producteurs de betteraves ; mais le nombre de ces consommateurs de sucre est tel qu'ils ne s'apercevront pas individuellement de la majoration des salaires des ouvriers producteurs, majoration qu'ils ne paieront qu'à raison de un soixante millionième.

Il en est de même d'un produit quelconque qui occuperait cinq cent mille ouvriers ; les consommateurs de ce produit seraient x millions, et l'infime plus-value qu'ils paieraient, par suite de l'augmentation des salaires des ouvriers de ce produit, reviendrait également en partie à ces cinq cent mille ouvriers producteurs.

D'une façon générale il y a plus de consommateurs que de producteurs. Et plus les consommateurs sont riches plus ils dépensent. Cette majoration des salaires sera également payée par les désœuvrés ; ce ne sera point une erreur (1).

.*.

Nous avons ainsi prouvé : 1° que la vulgarisation de la monnaie procurerait de grands avantages à la classe ouvrière ;

2° Que la classe ouvrière n'a nullement à redouter la pléthore ;

3° Que les ouvriers qui protestent contre l'élévation des salaires font fausse route et partent d'un point inexact (2).

(1) D'ailleurs, la hausse des produits a lieu presque toujours, non point par suite le la majoration des salaires, mais par suite de rareté de marchandise et de spéculation.

(2) Les salaires en Angleterre, en Amérique sont bien plus élevés qu'en France et l'ouvrier y est plus heureux

Le coût de la vie y est plus cher, c'est vrai Mais l'ouvrier habite des maisons qui sont de minuscules palais comparés aux taudis où il végète en France.

Il est vêtu, les jours de fête, comme un propriétaire. Il a un confortable que lui envierait plus d'un bourgeois de chez nous Et comme l'ouvrier manipule plus d'argent, il peut faire des économies, amasser même une petite fortune, tandis que le salarié français ne peut vivre qu'au jour le jour et n'arrive que péniblement à joindre les deux bouts

LA MONNAIE ACTUELLE

Nous venons de démontrer les avantages à retirer de la moins grande rareté de la monnaie, cherchons maintenant le moyen de la rendre moins rare, afin de la répandre plus facilement dans le public et la trouver plus drue dans les poches et les porte-monnaie.

Les échanges se font avec des pièces métalliques et des billets de banque.

Ces billets de banque sont émis par la Banque de France et ont censément leur répondant, en or, dans les caves de la Banque (1).

Nous disons *censément*, car ni vous ni nous n'avons constaté l'exactitude de ce fait.

Les sacs d'or peuvent être bien rangés comme il

(1) Tout le monde sait que la somme que représente les billets de banque de France est bien supérieure à la somme que représente l'encaisse or de la Banque de France.

nous est assuré, mais impossible de les éventrer pour constater qu'ils contiennent bien les louis annoncés.

Nous y croyons, la foi sauve.

Dans tous les cas, si la Commune éclate à nouveau, si l'émeute s'empare seulement quelques heures de Paris, qui empêchera les émeutiers de descendre dans les caves de cette Banque de France ? Les poches seraient vite bourrées avec cette réserve métallique.

Les caves, nous dit-on, peuvent être inondées, soit. Cette précaution les préserverait d'un coup de main ; mais les émeutiers sauront prendre leurs précautions pour empêcher l'inondation. Au besoin ils forceraient le directeur à pomper pour les vider.

Quand le sac sera accompli, que vaudra le billet de banque de France ? Son répondant se trouvera entre les mains des cent mille émeutiers, il ne sera pas facile de le reprendre.

Le billet de banque de France est donc susceptible de tomber à rien d'un jour à l'autre.

FORTUNE IMMOBILIÈRE

La fortune immobilière est représentée par le travail de l'ouvrier : les maisons, les canaux, etc. Elle comprend encore les terres fécondes qui produisent les récoltes, les forêts, etc.

Concernant ces terres on est obligé de constater la baisse des prix depuis une trentaine d'années. Pourquoi cette dépréciation ? parce qu'il est difficile aux propriétaires terriens de se procurer de l'argent.

C'est la cause principale de la baisse du prix de la terre. Et je vais le démontrer (1).

Comme la terre rapporte peu, les propriétaires pour se procurer de l'argent sont souvent obligés de l'hypothéquer ; or les intérêts qu'ils paient aux prêteurs hy-

(1) En 1870, la valeur totale de la propriété rurale en France était évaluée à 80 milliards. Dix ans après, en 1880, elle monta à 91 milliards. On ne croit pas qu'elle dépasse aujourd'hui 63 milliards.

pothécaires sont très souvent supérieurs aux revenus de la terre hypothéquée (1).

Bientôt les propriétaires ne peuvent plus payer les intérêts, alors leurs terres sont vendues.

Comme ces ventes se renouvellent fréquemment, les amateurs acquéreurs sont gavés ; ils ne se décident plus à acheter qu'à un prix excessif de bon marché

La terre est ainsi tombée à rien, il y a quelques années.

LE CRÉDIT FONCIER

Le Crédit Foncier, qui avait été institué pour être un agent de prospérité pour la petite culture, est, au contraire, devenu un agent de ruine.

Chaque fois qu'un petit cultivateur a recours à lui, l'emprunteur paie les intérêts pendant quatre ou cinq ans, puis après il se laisse poursuivre et son bien est vendu.

L'emprunteur a fait une mauvaise affaire puisqu'il est ruiné, et le Crédit Foncier n'a guère mieux réussi. À peine a-t-il pu rentrer dans ses fonds : intérêts, capital et frais de poursuite, tout compris.

(1) Il y a, en outre, des frais considérables pour hypothéquer et pour opérer la main levée.

2

Le Crédit Foncier ne sert, au contraire, qu'aux capitalistes. Ceux-ci ont édifié, grâce à lui, des fortunes considérables en allant lui porter les loyers des maisons parisiennes, maisons toujours louées, et en remboursant ainsi, d'un seul coup, intérêts et principal.

En 25, 30 ans, ces capitalistes se trouvent propriétaires d'immeubles sans avoir presque rien déboursé.

Il faudrait trouver un moyen de réduire les intérêts des prêts hypothécaires qui causent préjudice aux emprunteurs et au Crédit Foncier lui-même.

Or le Crédit Foncier emprunte à ses obligataires de l'argent à gros intérêts. S'il ne payait pas à ses obligataires de gros intérêts, il ne trouverait pas d'argent.

Payant de gros intérêts il est obligé d'en faire payer de plus gros encore aux emprunteurs hypothécaires, d'où la ruine de ces derniers et l'abaissement du prix de la terre.

Pour changer cette situation il faut que le Crédit Foncier supprime les obligataires.

Mais alors, comment trouvera-t-il l'argent ?

NOUVEAU SYSTÈME FINANCIER

Nous arrivons ici au système que nous proposons ? à la création du *Billet de Crédit*, c'est-à-dire de la nouvelle monnaie que nous préconisons.

Comme on va le voir, le système à suivre est fort simple.

Au lieu de prendre l'argent des obligataires pour le donner aux prêts hypothécaires, le Crédit Foncier, à l'instar de la Banque de France, fabriquera lui-même son argent, c'est-à-dire émettra des Billets de Crédit, comme la Banque de France émet des billets de banque.

Voici, par exemple, un propriétaire de 20 hectares de terre. Ces 20 hectares représentent 20.000 francs.

Il demanderait au Crédit Foncier 5.000 francs à 4 o/o.

Actuellement le Crédit Foncier irait chercher ces
5.000 francs aux obligataires.

Au contraire, avec notre nouvelle combinai-
son, le Crédit Foncier fabriquera aussitôt les
billets de crédit pour une somme de 5.000 francs
et les remettra au propriétaire de ces 20 hec-
tares en prenant tout comme il fait aujourd'hui?
hypothèque sur ces terres.

Quel intérêt demandera le Crédit Foncier pour ces
5.000 francs qui lui coûteront si peu ? La fabrication
d'une image quelconque plus ou moins semblable au
billet de banque.

Demandera-t-il 0,50 o/o, 0,25 o/o ! moins
encore ? Quoiqu'il demande, quelque modeste que
soit le taux, c'est tout bénéfice pour lui.

Ces 5.000 francs de billets de crédit ont pour répondant 20 hectares, soit, nous l'avons dit, 20.000 frcs.

Ce répondant est au moins trois fois supérieur à
celui du billet de banque, comme nous l'avons montré
précédemment.

Donc ce billet sera entouré de plus de confiance que
le billet de la Banque de France.

En outre, ce billet de crédit n'a point les aléas du

billet de banque : les émeutiers ne peuvent emporter les terres, ni les maisons.

Les terres ou les maisons sont des biens au soleil ; on ne peut les cacher comme on cache les sacs d'or, dans les caves de la Banque de France.

La véritable fortune, ce sont les immeubles : les maisons et les terres.

On s'est trompé en pensant que la fortune était l'or. Cette erreur s'est prolongée jusqu'à nos jours. La fortune ? ce sont les terres qui nous nourrissent, c'est le travail de l'ouvrier qui nous abrite et nous vêt.

Cette fortune immobilière est, subsidiairement, avec le système des billets de crédit, une mine d'or que nous pouvons convertir immédiatement en monnaie par notre moyen.

L'exemple que nous venons de donner concernant les 5.000 francs de billets de crédit, montre bien que cet immeuble de 20 hectares a produit tout comme une mine d'or 5.000 francs de monnaie, 5.000 francs nouveaux qui sont jetés à la surface du pays, de la même manière qu'ils auraient été jetés si on les avait découvert à l'Alaska ou au Transvaal.

Ce sol français est ainsi converti en or.

Au lieu de répandre par ce moyen 5.000 francs, répandez seulement 5oo millions, il y aura un demi-milliard de plus de monnaie, un demi-milliard de plus répandu dans la circulation fiduciaire qui n'est, en France, que de quelques milliards.

5oo millions, c'est le revenu de près de vingt milliards. C'est donc une découverte immense de vingt milliards, c'est la richesse moins rare. Plus de monde dans l'aisance. La question sociale, si difficile et si ardue, est presque résolue du même coup et de la plus séduisante façon.

Le tour de force est exécuté avec facilité et élégance.

Nous avons en France le Bi-métallisme.

Mais l'or perd tous les jours de sa rareté. L'argent de son côté a diminué depuis vingt ans de 5o o/o, nous demandons qu'on introduise le billet de crédit, représentant la terre pour former ainsi le Tri-métallisme.

Le jour où la terre produira de la monnaie aussi facilement et dans les conditions que nous indiquons, cette terre qui perd de sa valeur en ce moment journellement, sera, au contraire, considérée comme une mine d'or.

Son prix s'accroîtra dans de notables proportions. La terre reviendra tout à fait en faveur.

LES ASSIGNATS

Il viendra certainement à l'esprit d'un grand nombre

d'assimiler ce système à celui des assignats et d'en conclure que puisque les assignats n'ont point réussi, la même destinée est réservée aux billets de crédit

Les assignats ont été émis à jets continus ; en outre, ils avaient pour garantie des biens que le peuple considérait comme le résultat d'un vol. Voilà la double raison pour laquelle on a manqué de confiance envers eux.

Emission trop considérable et trop continuelle.

Et discrédit du bien qui en répondait.

Tout autre sera la situation du billet de crédit dont le chiffre d'émission sera réglé par une loi et dont le répondant, c'est-à-dire l'immeuble, offrira une garantie d'autant plus grande que sa valeur s'accroîtra tous les jours en raison de la facilité qui lui sera accordée de se transformer en partie en or, tout en conservant ses autres facultés fécondes ou avantageuses.

LE COURS FORCÉ

On pourrait déclarer pour ces billets de crédit le cours forcé.

Ce cours forcé n'aurait d'ailleurs rien d'extraordinaire, il a été établi pour le billet de banque en 1870,

et il existe encore dans bien des pays d'Europe, et puis
le cours forcé n'existe-t il pas encore pour les monnaies d'argent, de cuivre etc.

CONSORTIUM DES ÉTABLISSEMENTS FINANCIERS

Mais il ne serait même pas nécessaire de recourir
au cours forcé.

Les principaux établissements financiers : le Crédit
Foncier, la Banque de France, le Crédit Lyonnais, la
Société Générale etc., après entente préalable et d'un
commun accord pourraient se charger d'émettre pour
500 millions de billets de crédit sur les immeubles des
particuliers, à raison de 2 o/o l'an, hypothèque limitée à cinq années, par exemple.

Les 10 millions de revenu représentant l'intérêt de
ces 500 millions reviendraient en partie aux dites
banques pour cette première affaire.

En échange, celles-ci s'engageraient à payer à guichets ouverts les dits billets, remis aussitôt en circulation.

BAISSE IMPOSSIBLE

Les billets de crédit, dans les conditions que nous

venons d'indiquer, jouiront vite de la faveur du public en raison des avantages qu'il octroieront.

En outre, comme les emprunteurs seront toujours débiteurs, ils devront s'acquitter de leur dette dans un nombre restreint d'années. Et ils s'empresseront de racheter ces billets si ceux-ci venaient par impossible à perdre de leur prix.

Les emprunteurs pour qui ils seraient émis en premier lieu en seront, d'ailleurs, toujours responsables.

Si les emprunteurs ne trouvaient point assez de billets de crédit pour s'acquitter intégralement de leur dette hypothécaire, ils auraient recours aux billets de banque ordinaires ou à l'or.

PRINCIPALE OBJECTION CONCERNANT
LE BILLET DE CRÉDIT

La principale objection que l'on nous a faite est celle-ci : La monnaie du billet de crédit est impossible, car le billet de crédit ne pourra pas être converti immédiatement en or.

Nous répondons d'abord que cette assertion est fausse. En effet, grâce au consortium des principaux établissements financiers dont il vient d'être fait mention, le billet de crédit pourra être immédiatement converti en or.

Nous répondons ensuite ceci :

LE BILLET DE BANQUE

Si le billet de banque, en France, a besoin pour avoir

de la valeur de pouvoir être converti en or immédiatement, c'est parce que le billet de banque n'a pas de valeur par lui-même.

Par lui-même, il ne vaut pas un sou ; l'or qui se
trouve, paraît-il, dans les caves de la Banque de
France en répond.

Le billet de banque de France, est le représentant de
l'or, il est la signature de l'or ; il faut que l'or fasse
honneur à sa signature. On conçoit qu'il est donc nécessaire que le billet de banque conserve son principe?
De pouvoir être d'un instant à l'autre changé pour de l'or.

EFFET DE COMMERCE

Il en est de même de l'effet de commerce. L'effet de
commerce représente l'argent qui se trouve derrière,
mais n'a aucune valeur par lui-même, l'effet de commerce ne vaut pas un centime ; il n'a de valeur que
parce qu'il peut être converti en or immédiatement ou
à échéance fixe.

Et pourtant on fait crédit à l'effet de commerce,
à *fortiori* fera-t-on crédit au billet de crédit.

LE BILLET DE CRÉDIT

Le billet de crédit, c'est d'abord la signature de

l'établissement financier qui l'émettra, ensuite la signature du propriétaire du sol hypothéqué, en troisième lieu la signature de l'immeuble hypothéqué en première hypothèque pour le quart de sa valeur.

En quatrième lieu le billet de crédit reposera sur un immeuble qui pourra être transformé en or, tout au moins pour les trois autres quarts de sa valeur.

Car comme le billet de crédit ne représente que le quart de l'immeuble hypothéqué, le billet de crédit reposera sur quatre fois la somme d'or que lui-même billet de crédit représente.

Le billet de crédit a enfin toutes les garanties imaginables, c'est-à-dire toutes les garanties que l'on peut concevoir.

Ce billet de crédit ne sera plus du papier, mais une hypothèque prise par les porteurs sur l'hypothéqué. Il aura dès lors la valeur d'une première hypothèque toujours nouvelle. Il sera valeur de terre, valeur de maison, valeur de travail, il ne représentera pas une valeur quelconque, il la sera cette valeur qu'il indiquera, et comme l'or il sera une valeur intrinsèque.

Le billet de crédit vaudra l'or, il fera prime sur le billet de banque.

Le billet de crédit sera une seconde essence, un dernier prolongement de la richesse immeuble, tout comme l'or est le dernier prolongement de la richesse meuble : il sera une suprême terminaison de la valeur.

A l'instar de l'or il sera étalon. Il fera la concurrence à l'or, il marchera de pair avec lui.

BILLETS DE BANQUE ET BILLETS DE CRÉDIT

Le billet de banque n'aurait plus aucune valeur si la fuite de l'or était constatée à la Banque de France.

Le porteur du billet de banque s'assure qu'il n'en est pas ainsi en pouvant demander à chaque instant l'échange de son billet pour de l'or.

Le billet de crédit, au contraire, a toujours sa valeur. Cette valeur ne peut disparaître, elle lui est attachée d'une façon indissoluble. La terre ne s'en va pas, ne s'emporte pas.

Ce billet de crédit a donc une valeur véritable et, encore une fois, intrinsèque comme celle de l'or. Et puisque nous avons dit que le billet de banque est la signature des métaux fusibles et même volatiles sous bien dés points, le billet de crédit, lui, est la signature des métalloïdes fixes sur tous les points et jamais volatiles.

L'encaisse de la Banque de France peut même disparaître sans que le public en soit informé. Dans ce cas le billet de banque conserverait la signature de l'or, mais serait un faux.

Nous ajouterons pour donner encore de nouvelles

garanties, que les prêts devront être de cinq ans, que
les emprunteurs devront être remboursés à l'expiration
de ces cinq ans ; et qu'à défaut de remboursement les
propriétés seront vendues, comme la chose a lieu aujourd'hui ; le prêt ne serait donc point illimité.

Il y aura évidemment à établir un règlement pour
modérer l'émission des billets de crédit. Il faudra être
prudent les premières années.

UNE LOI

Sans doute, pour prendre hypothèque au moyen des billets de crédit il faudra instituer une loi, afin d'en régler et en limiter l'émission. Cette loi est facile à concevoir dès maintenant, tant pour les formalités à accomplir pour hypothéquer que pour celles à accomplir pour lever l'hypothèque.

Nous conseillons en passant de ne pas permettre aux emprunteurs d'hypothéquer deux fois de suite les mêmes immeubles.

Nous proposons les articles de loi suivants :

Art. I

Les billets de crédit sont des billets de banque que l'on émet en hypothéquant les immeubles pour un quart de leur valeur.

Art. II

Pour que ces billets de crédit soient payés à guichets ouverts, dans les principaux établissements financiers, l'Etat accorde à ces établissements et après examen, la faculté d'émettre dans leur ensemble cinq cents millions de billets de crédit comme il est spécifié à l'art. I ; mais à condition de ne pouvoir faire payer aux emprunteurs hypothécaires que 2 o/o l'an.

(Cette somme représente pour les établissements financiers un revenu annuel de 10 millions.)

Art. III

Sauf avis contraire, le règlement de toutes ces dettes devra être effectué 5 ans après qu'elles auront été contractées, faute de quoi les emprunteurs seront astreints aux formalités qui existent aujourd'hui pour le règlement des prêts hypothécaires.

AVANTAGE POUR LA BANQUE DE FRANCE

Le billet de crédit peut être serré dans les coffres de la Banque de France, tout comme l'or.

Si la Banque de France avait dans ses réserves quelques liasses de billets de crédit, son billet de banque actuel n'en aurait que plus de garanties.

Son répondant deviendrait supérieur à son émission de billets de banque ; le contraire est constaté aujourd'hui.

Libre à la Banque de France, par la suite, d'émettre des billets de banque sur ce nouveau déposit dans ses coffres-forts.

L'AGE D'OR

L'âge d'or naîtra de la fortune immobilière. L'or, au contraire, n'a fait naître que l'âge de sueur et de sang.

AMÉLIORATION

Ce projet de billets de crédit est d'ailleurs susceptible d'être amélioré.

CONSÉQUENCES

Plus-value générale. — Les terres et les immeubles monteront puisqu'on en tirera de l'or.

Les immeubles qui tombent en discrédit depuis nombre d'années reviendront tout à fait en faveur : la terre du cultivateur, le travail de l'ouvrier.

Travaux publics. — Une grande facilité serait accordée à leur exécution, la main-d'œuvre pouvant être transformée au fur et à mesure en papier monnaie.

D'immenses travaux au bénéfice de l'humanité en seraient de suite la conséquence.

Les fonds nécessaires au percement du Canal de Panama agrandi seraient dès lors tout trouvés.

Travail de l'ouvrier. — De nouvelles industries se fonderaient, le travail de l'ouvrier serait plus recherché.

Commerce. — L'escompte des effets 'e commerce baisserait, l'argent serait moins rare, par conséquent, moins cher.

Agriculture. — L'argent se répandrait dans les campagnes. Le cultivateur pourrait élever les salaires, mieux cultiver ses terres, mieux entretenir son bétail.

Finances. — Le budget se trouverait facilement en équilibre au moyen de ce nouveau système monétaire, l'Etat pouvant émettre sur ses propriétés foncières des billets de crédit.

La retraite pour les vieillards serait ainsi assurée et augmentée sans emprunt, ni impôts nouveaux.

Toutes les améliorations sociales dont l'exécution est retardée par suite des dépenses qu'elles entraîneraient pourraient être réalisées.

Richesse de la nation. — Si les classes ouvrières s'enrichiraient, il en serait de même des classes privilégiées : les immeubles monteraient dans de grandes proportions et toutes les valeurs.

* *
*

Et voici exposé en quelques lignes le système des billets de crédit, les avantages qu'il présente et la réponse aux objections qui lui sont faites. Sa mise en pratique est la découverte de milliards.

On court au Transvaal et à l'Alaska pour ramasser des lingots d'or. Insensés ! on n'a qu'à se baisser sur le sol pour en recueillir autant que bon nous semble.

Nous vivons sur une mine d'or ; jusqu'à présent nous ne nous en sommes pas aperçu.

APPRÉCIATIONS DIVERSES

Nous allons publier ci-après quelques appréciations de ceux à qui nous avons exposé notre projet.

La nouvelle combinaison financière n'a pas eu le don d'être acceptée par tous avec enthousiasme. Conséquence fatale de toute innovation.

Nous tenons cependant à reproduire les objections qui lui sont faites avec les réponses qu'elles comportent.

M. Paul Hayez, sénateur du Nord, à Douai.

« Votre projet est extrêmement ingénieux et intéressant. Sa réalisation et sa réussite donneraient des résultats immenses.

« Je vais l'étudier avec le soin qu'il comporte et voir s'il est possible de le soumettre aux Chambres. »

M. Réveillé, directeur de la Société Générale, à Amiens.

. . . .

« Il y a là un sujet intéressant d'étude, et un établissement auquel un pareil privilège serait conféré, pourrait facilement laisser à l'Etat qui cherche des ressources pour les retraites ouvrières, une grosse partie des bénéfices énormes qu'il réaliserait, bénéfices qui, vous l'avez vu, ne peuvent être abandonnés sans amener des complications graves   On obtiendrait donc double résultat : *allégement des charges de l'Agriculture, ressources pour la classe ouvrière.*

« Le Crédit Foncier, à mon avis, est tout désigné pour étudier cette question. »

M. René Delcourt, avocat, docteur en droit, à Valanciennes.

.   .   .   .

« Ton idée est bonne, c'est la mobilisation des immeubles réalisée par une matriculation d'hypothèques comme dans l' « Act Torrens » australien ou le régime hypothécaire allemand.

« Mais il me paraît devoir se heurter à un obstacle.

« Il dépend tout entier de l'existence d'un cadastre tenu à jour par terres et non par noms de personnes comme en France. Or les pays qui, comme la France, ont un régime cadastral en retard de 50 ans, sont incapables de mobiliser leurs immeubles ».

Réponse. — L' « Act. Torrens » australien ou le régime hypothécaire allemand ne peuvent être comparés à l'organisation si simple du billet de crédit.

Dans tous les cas, le cadastre tenu par noms de

personnes comme en France, ne peut être défavorable au système financier que nous préconisons, puisque :

1° La terre donnera la garantie ;

2° Le propriétaire la donnera également.

M. Navaro Reverter, ministre des finances, à Madrid.

« C'est très remarquable le travail que vous avez l'obligeance de me communiquer. L'émission des billets de crédit est appliquée sous une autre forme financière et dans des limites restreintes en Espagne.

« Notre situation n'est pas à propos pour le développement de votre système.

« Cependant, je vous remercie de votre communication, car ce travail fait honneur à vos talents. »

M. Taillandier, député du Pas-de-Calais (Arras).

« Dans votre système, le propriétaire emprunteur jouirait à la fois de la terre et de la somme empruntée puisqu'il n'en paierait qu'un intérêt insignifiant. »

Réponse. — Peu nous importe que le propriétaire tire un double revenu d'une même propriété. Ce n'est qu'un avantage de plus.

M. Viger, ancien ministre de l'Agriculture.

« Votre très intéressant travail sur les Billets de crédit mérite d'appeler sérieusement l'attention des hommes compétents en matière de finance. »

M. Rose, député du Pas-de-Calais (1ᵉʳ juin 1909).

« Dernièrement à la Commission fiscale on a examiné et discuté une proposition de loi de M. Alemane, rapportée par M. Wéber et tendant à la création de billets hypothécaires.

« Cette proposition me paraissant avoir pas mal d'analogie avec celle dont vous m'avez parlé il y a quelques années, je serais bien désireux de vous voir et d'en causer de nouveau avec vous.

« Je serais aussi très désireux d'examiner les documents que vous possédez sur cette question »

M. Cheremeteff, membre de la Douma (Russie).

« En réponse à votre honorée du 17 octobre, je m'empresse de vous dire que j'ai pris connaissance de votre projet relatif à un nouveau système financier que vous pensez pouvoir être appliqué en Russie.

« Un projet de ce genre a déjà été présenté par la gauche socialiste de la première Douma russe et a été repoussé à une grande majorité

« C'est vous dire que moi qui appartiens à l'Extrême droite, je ne puis d'aucune façon vous être utile dans cette affaire et vous retourne, ci-inclus, les deux papiers concernant ce projet que vous m'avez laissés lors de votre dernière visite. »

Réponse. — Avant de confier le projet à M. Cheremeteff que nous avions connu chez la Vicomtesse de Rainneville, nous avions, en effet, envoyé notre projet à la première Douma.

M. Maurice Dupuis (1), 23 rue Delpéch, Amiens.

. . . .

« Comme toutes les idées neuves, celle-ci doit être étudiée et mise au point, mais elle renferme de bons éléments : son principal mérite serait, en effet, de mobiliser une partie de la valeur foncière qui reste considérable et de fournir aux emprunteurs les capitaux frais dont ils auraient besoin pour exploiter leurs propriétés suivant les procédés modernes les plus perfectionnés, et à des conditions qui pourraient être avantageuses. »

M. Viviani, ministre du travail (26 novembre 1906).

Votre projet est tout ce qu'il y a de plus séduisant, seulement nous ne sommes pas encore mûrs pour sa réalisation.

Réponse. —Il est curieux de voir ceux qui ont des idées d'avant-garde s'obstiner à rester pour la circonstance à l'arrière-garde.

Si le projet est bon, il est mûr pour être appliqué, et il nous mûrira par son application.

M. Cotoire, maire d'Amiens.

Vous n'habituerez pas le public à une nouvelle monnaie.

Réponse. — On s'habitue pourtant vite à avoir le gousset bien garni.

(1) Maurice Dupuis est mort le 14 février 1910. Sur sa tombe M. Edouard Grardel dans le discours qu'il a prononcé a fait allusion à cette lettre.

M. Rousé, sénateur de la Somme.

« Enfin votre gage lui-même deviendra insuffisant, ou vous vous verrez dans la nécessité d'en réduire la sûreté quand toutes les terres seront gagées.

Il est certain qu'une catastrophe comme celle de la Martinique aurait des effets bien autres que le pillage de la Banque de France, ce serait la perte complète.

Réponse. — Il conviendra de faire une loi qui empêchera les terres d'être toutes gagées, c'est-à-dire il faudra limiter l'émission des billets de crédit. Il faudra surtout tailler la belle part aux petits propriétaires.

En ce qui concerne la catastrophe de la Martinique. la France ne paraît pas reposer sur un volcan, si ce n'est sur un volcan politique.

Si la France venait à disparaître dans une catastrophe volcanique, les billets de crédit auraient des chances d'être perdus, mais l'or aussi serait dans le même cas.

M. Henri Tollin de Rivarol, 11 *bis*, Boulevard Beau-Séjour, Paris.

« Il me semble, mon cher Grardel, que tu enfourches un carcan qui, contrairement à tous ceux que tu as montés, va te désarçonner. Tu veux lui faire franchir le coffre-fort des banquiers. Sois persuadé que ces marchands de gros sous lui feront faire panache. Tu peux prendre dès maintenant ton billet de parterre au théâtre de l'Or.

« Cependant si mon père, ex-agent de change à Paris, était encore de ce monde, il approuverait tes billets de crédit. Pour moi je voudrais bien en avoir dans ma poche, je m'empresserai de te payer ce que je te dois. »

M. A Vezian (*Progrès de la Somme*).

« Mais la partie réellement personnelle, l'audace absolument originale de la circulaire de M. Edouard Grardel, c'est la création des « billets de crédit » une idée merveilleuse appelée à bouleverser toute l'économie agricole, industrielle, fiscale. . . . .
Henri IV se contentait de la poule au pot dominicale. M. Grardel la promet pour tous les jours, avec son papier monnaie. »

(L'article, de forme ironique, était intitulé
« De Henri IV à Edouard Grardel »)

M. Albert Christophle, gouverneur du Crédit Foncier de France. — Votre projet est très sensé et très réalisable, je me souviens des Japonais quand ils sont venus à Paris pour étudier notre système, ils m'ont entretenu de quelque chose dans le genre de votre billet de crédit, mais c'était moins clair et beaucoup moins bien.

M. Charles Laurent, Président de la Cour des Comptes, envoyé spécial du Gouvernement français à Constantinople pour trouver un moyen d'améliorer les Finances turques, adresse à M. Klotz, député de la Somme, la lettre suivante :

Constantinople le 23 novembre 1908.

Mon cher Président,

Monsieur Edouard Grardel, d'Amiens, au sujet duquel vous avez bien voulu m'écrire au mois de septembre dernier, me rappelle son désir de venir en Turquie pour appliquer son système de billets hypothécaires.

J'avais exposé à M. Grardel, en le recevant, les objections de principe que comporte ce système. Son application se heurterait ici à une difficulté insoluble, au moins pour le moment, c'est l'organisation toute spéciale de la propriété foncière en ce pays où, sauf de très rares exceptions, l'occupant ou l'exploitant d'une terre n'est que l'usufruitier, où le cadastre n'existe pas et où de très nombreuses propriétés sont wakoup, c'est-à-dire affectées à des fondations pieuses ou charitables et par suite inaliénables.

J'ai pensé que vous voudriez bien donner ces renseignements à M. Grardel et lui exprimer mon regret de ne pouvoir donner suite à son projet,

Croyez, je vous prie, mon cher Président, à mes sentiments tout dévoués.

Charles LAURENT.

Réponse. — Ce qui est difficile n'est pas impossible. Et la mobilisation de la fortune immobilière, paraît, en Turquie, d'autant plus facile à réaliser que la quantité de terres susceptibles de pouvoir être hypothéquées en ce pays est plus petite.

S'il n'y pas de cadastre, les propriétaires connaissent bien la limite de leurs propriétés, et en hypothéquant ces terres on formerait de suite un ambryon de cadastre.

Les turcs manquent d'or étranger, qu'ils exploitent l'or que représentent leurs terres au moyen des billets de crédit.

M. Vignal, inspecteur des finances.

« Je m'empresse de vous informer que je suis chargé par M. Georges Cochery de vous recevoir. Je vous serais très obligé de bien vouloir vous présenter à mon cabinet samedi, 28 courant, de 10 heures à midi ou de 3 heures à 6 de l'après-midi. »

M. Vignal a semblé nous écouter avec attention, mais ne nous a fait aucune objection : il est resté coi.

M. Edouard Drumont.

Tous mes remerciements, Monsieur, pour votre communication que j'ai lue avec grand intérêt.

M. Yves Guyot (12 janvier 1908).

Avec votre système vous faites une marche forcée vers le collectivisme. Vous ruinez l'or.

Réponse. — Si je ruine l'or, j'enrichis les particuliers. Je ne fais pas une marche forcée vers la société future, mais j'établis un régime mixte entre la société d'hier et celle de demain :

M. Klotz, depuis ministre des finances.

Je vous accuse réception de vos deux lettres des 23 et 24 courant (1908).

Nous pourrons nous entretenir à leur sujet jeudi prochain, 86 rue de Varenne, vers 11 1/2 du matin.

Dans cette entrevue M. Klotz a invoqué le privilège de la Banque de France auquel il ne peut être porté atteinte.

Réponse. — Le privilège est limité à quelques années encore. Aujourd'hui déjà on pourrait agiter la question du renouvellement simultanément avec la Banque de France et le Crédit Foncier.

La Banque de France n'aura même qu'à gagner avec l'institution du billet de crédit.

Ce billet consolidera son billet de banque puisque le billet de crédit pourra être déposé dans les coffres-forts de la Banque de France et renforcera ainsi l'encaisse métallique. Nous ajoutions que le billet de crédit, ainsi compris, devait avoir le même aspect que le billet de banque, que l'union de la Banque de France et du Crédit Foncier amenait cette conséquence de rendre absolument semblables les deux billets, que cette union était donc à désirer pour le plus grand profit de la Banque de France, du Crédit Foncier et enfin de la grande masse de la nation. Nous terminions en disant que nous avions en grande estime la Banque de France, mais que nous aimions encore mieux nos compatriotes. Ce qui nous aurait fait sacrifier le privilège de la Banque de France au bonheur de tous les français ; et qu'un bon législateur devait penser comme nous.

M. Urbain Gohier.

Je ne m'occupe pas d'affaires, c'est absolument contraire à ma règle.

M. Gustave Colin, artiste peintre.

Avec ton système, mon cher cousin, on vendrait sans doute mieux ses toiles qui ne se vendent plus. C'est une crise épouvantable dans le monde artistique, il n'y a plus d'argent,

M. Buno Varilla, directeur du *Matin*.

Je ne demande pas mieux d'étudier votre projet ; mais avant de prendre une décision pour la publication dans le *Matin*, je désire avoir, sur votre système, quelque chose d'imprimé.

Réponse. — Cette brochure, Monsieur Buno Varilla, j'espère, vous suffira.

M. Waldeck-Rousseau.

Je ne puis plaider pour vous contre la Société d'Encouragement pour l'amélioration des races de chevaux en

France, dans votre affaire du faux Prophète, car je suis l'avocat de la rue Scribe, depuis fort longtemps.

Mais le nouveau système financier que vous m'annoncez me paraît fort intéressant. Ce serait une telle évolution et un tel progrès que je doute que nous en voyions jamais la réalisation, et je pourrais bien être sur ce point votre vrai prophète.

Réponse. — Nous ne pouvons rien répondre au sujet d'une prophétie.

Nous ferons cependant remarquer que M. Thiers s'est bien trompé au sujet des chemins de fer. Ce n'est point faire injure à M. Waldeck-Rousseau de le comparer à M. Thiers pour lui dire qu'il s'est peut-être également trompé.

M. Griff (*Dépêche de Toulouse*).

« Il y aura prochainement une élection sénatoriale dans le département de la Somme, souhaitez avec moi que M. Grardel qui est candidat soit élu. M. Grardel, en effet, est inventeur d'un système financier qui doit doubler avant peu la fortune de la France. Ce projet consiste dans la mobilisation de la fortune immobilère au moyen des billets de crédit. »

(*Ironique.*)

Du *Petit Troyen*.

« Dans *le Betteraviste*, M. Edouard Grardel préconise une innovation financière, qui ne laisse pas d'être ingénieuse, et dont on pourrait obtenir, semble-t-il, de bons résultats. Nous croyons devoir reproduire, ci-dessous, ne fut-ce qu'à titre de curiosité, l'article publié par M. Grardel, sous ce titre suggestif : *Le sol français converti en or.* »

M. Lecointe, député de la Somme.

« Il faut que vous veniez me voir un de ces jours pour que nous causions sérieusement de votre mécanique. Pour la classe ouvrière ce serait la suppression de la misère. Bravo ! »

M. Sébastien Faure.

« Votre système n'apportera aucune amélioration à la classe prolétarienne. L'ouvrier sera moins pauvre, mais il paiera tout plus cher, ça ne changera pas sa situation. »

Réponse. — Du moment où l'ouvrier est moins pauvre, il est moins malheureux.

Etant pauvre il lui est impossible d'économiser ; quand il sera moins pauvre l'économie lui sera possible.

Nous avons déjà parlé des ouvriers anglais et américains, du bien-être résultant de la majoration des salaires.

Et sans aller chercher les exemples si loin, on sait que les mineurs du Nord et du Pas-de-Calais vivent largement et n'hésitent pas à acheter les meilleurs produits des marchés de Béthune et de Lens.

M. Fernand Garçon, château de Dury.

« Votre système aboutira sûrement, mais plus tard. »

M. Guillain, ancien ministre des colonies.

« C'est un bel effort que vous tentez, ce serait surtout avantageux pour les colonies où l'on manque d'argent. »

Du Nouvelliste de la Somme.

«M. Grardel préconise la mobilisation de la fortune immobilière au moyen du billet de crédit qui doit jeter à la surface de la France et éparpiller dans toutes les bourses 20 milliards. C'est la panacée universelle. »

M. Millies Lacroix, ancien ministre des Colonies.

« J'ai l'honneur de vous faire connaître que ce système n'est pas susceptible d'être appliqué. D'une part, en effet, le billet de banque doit pouvoir à tout instant être remboursé à vue et au porteur ; or, les coupures dont vous préconisez l'impression ne sauraient avoir ce caractère en raison des règles qui régissent la réalisation des gages hypothécaires. »

Réponse. — Nous l'avons prouvé au cours de cette brochure. Le billet de crédit n'est nullement un billet de banque. Il n'a pas plus besoin d'être changé en or que l'or n'a besoin d'être changé en billets de banque. Il est un second étalon ayant une valeur intrinsèque à l'instar de l'or.

On peut émettre sur le billet de crédit des billets de banque tout comme on en émet sur l'or.

Du *Betteraviste.*

« Ces billets de crédit, c'est la découverte de 20 milliards. Or, comme le revenu de la France est évalué 22 milliards, le billet de crédit doublera à peu près le revenu de la France.

Doublant le revenu, on peut en conclure que le nouveau système financier doublera également le capital. C'est une découverte de près de 700 milliards. »

De M. Saint-André.

« Espérons que la réforme sociale fera bientôt un pas en avant.

M. Grardel a de très louables intentions en travaillant son problème sans emballement et surtout en évitant les discussions inutiles, il arrivera peut-être à une solution pratique.

Mais en résumé, jusqu'à présent, ce que l'on peut voir de plus clair, c'est que si M. Grardel a été offrir à M. Viviani un flambeau terrestre, il n'a pas encore jeté sur son système une lueur bien vive. »

Réponse. — Contrairement à l'opinion de M. Saint-André, il nous semble que notre projet est excessivement clair, tant il est simple.

M. Dessaint, publiciste.

« Je compare votre système à l'essai que le Crédit Foncier a fait en 1856 et qui n'a pas réussi. »

Réponse. — Jamais notre projet n'a été mis à l'essai. Et, par conséquent, il ne peut être comparé au projet du Crédit Foncier de 1856.

M. Demange, avocat, 33 rue Jacob, Paris.

« Je conçois parfaitement votre projet, il plaît beaucoup à ma conception, et je fais des vœux pour sa réalisation. »

M. Augagneur. — Ancien résident à Madagascar.

« Je ne vois pas bien comment on pourrait acheter des bœufs avec des billets de crédit. »

Réponse. — M. Augagneur nous a reçu un peu vertement au Ministère des Colonies. Il n'est pas facile de lui répondre quand il s'emballe.

Comment acheter des bœufs avec des billets de crédit ?

Comme on en achète avec des billets de banque.

M. Alapetite. — Résident à Tunis.

« Vous avez bien voulu signaler l'intérêt qui s'attache à réaliser en Tunisie la mobilisation du crédit hypothécaire. J'ai l'honneur de vous faire connaître que l'importance de cette question n'a pas été sans retenir l'attention du gouvernement du Protectorat. Mais pour des considérations d'ordre économique et d'ordre juridique, il n'a pas paru opportun jusqu'ici, d'en faire l'objet d'une application pratique. »

Réponse. — Nous espérons qu'il apparaîtra bientôt opportun de faire des billets de crédit l'objet d'une application pratique.

Le secrétaire particulier du Président de la République de Panama.

« S. E. me recomienda deçu à Ud. que aun-cuando el sistema de que Ut trata en su carta es muy, avanzado, no tiene el gobiemo necesidad alzuna de el prov ahova, — Conveniente seria que se diugiera a la Comision del Canal istmico donde puede ser de gran utilidad. »

Du Ministère des finances de Washington :

In reply to your letter of the 11 th intant you are informed that whilst the government of the United States is always pleased to received suggestions relative to the conduct of its financial affairs.

Your suggestion that your financial system would furnish immediately all the funds needed to complete the Panama Canal, may be answered by saying that the funds for the current work on the canal are already in hand, and that provision for the future has been made.

МИНИСТЕРСТВО ФИНАНСОВЪ

ОСОБЕННАЯ КАНЦЕЛЯРIЯ
по
КРЕДИТНОЙ ЧАСТИ

Отдѣленiе 2
Отд. 1

9 Января 1909 года

№ 0175

Г. Эдуарду Грердель

Особенная Канцелярiя по Кредитной Части по приказанiю Г. Министра
Финансовъ имѣетъ честь увѣдомить
Васъ, что Его Высокопревосходитель -
ство весьма признателенъ за готов -
ность оказать услуги Министерству Финансовъ но находитъ, что въ настоя-
щее время въ нихъ не встрѣчается
необходимости

За Вице Директоръ *[подпись]*

За Начальникъ Отдѣленiя *[подпись]*

∴

L'auteur de ce projet a correspondu avec un grand nombre de hauts personnages de tous les pays.

Les uns l'ont encouragé, les autres combattu.

Ses archives concernant cette question renferment des lettres intéressantes.

Nous nous permettrons de citer ici quelques signatures prises au hasard :

Députés.

MM. Rousé, Rose, Emile Chauvin, Henri Tailliandier, Etienne, Edouard Drumont, Chastenet, Vion, Cheremeteff (Douma Russe) Dussaussoy, Lecointe.

Sénateurs.

Paul Hayez, Viseur.

Journalistes.

Les directeurs du *Matin*, de *l'Intransigeant*, d'un grand nombre de journaux de Paris et de Province.

Financiers.

Yves Guyot, Charles Laurent, président de la Cour

des comptes à Paris, Maurice Dupuis, Behier, chef du secrétariat particulier du Ministre des finances, Vignal, inspecteur des finances à Paris, les directeurs du Crédit Lyonnais, de la Société Générale, de la Banque impériale Ottomane, du Comptoir national d'Escompte.

Ministres et Ambassadeurs.

Klotz, ministre des finances.

Viger, ancien ministre de l'Agriculture ; le Ministre des colonies (France) ; l'ambassadeur ottoman ; Constans, ambassadeur à Constantinople ; Combes, ancien Président du Conseil ; Alvarado, ministre des finances à Madrid ; Clemenceau, ancien Président du Conseil ; Caillaux, ancien ministre des finances ; Navaro Reverter, ministre des finances à Madrid ; Viviani, ministre du Travail ; l'ambassadeur d'Italie à Paris ; Cochery, ancien ministre des finances ; Lord Em Hamilton, ministre des finances à Londres ; Leon y Castillo, ambassadeur d'Espagne à Paris ; les ministres des finances de Washington, de Vienne, de Berlin, de Saint-Pétersbourg.

Résidents.

Alapetite, résident à Tunis. Augagneur, résident à Madagascar.

Vice-roi et Chefs d'Etat.

Son Altesse royale le Grand duc de Luxembourg. Le Président de la République de Panama, le Vice-roi des Indes.

Nous avions reçu ces nombreuses lettres et bien d'autres encore, à l'issue du communiqué suivant que nous avions adressé un peu dans toutes les directions.

BILLETS DE CRÉDIT

La cause de toutes les difficultés financières, économiques et sociales, est le manque de monnaie.

Rendons la monnaie moins rare et nous aurons résolu tous les problèmes.

Pour cela mettons en circulation une minime partie de la fortune immobilière : maisons et terres.

Cette fortune, c'est une mine d'or considérable. Exploitons un peu cette mine d'or au moyen des Billets de Crédit.

Le système des Billets de Crédit consiste à émettre des billets de banque ayant pour répondant les valeurs immobilières, à l'instar des banques d'Etat qui émettent des billets de banque ayant pour répondant leur encaisse métallique.

Les immeubles qui assurent le répondant aux billets de crédit sont par le fait même hypothéqués.

Mais le montant de la somme hypothéquée est payé avec ces billets. Donc rien à débourser, rien à emprunter.

Il suffit simplement de fabriquer les dits billets de crédit.

Votre Gouvernement pourrait émettre 500.000 000 en billets de crédit.

Le taux de l'argent diminuerait aussitôt dans une grande proportion.

Il faudrait alors étudier s'il serait nécessaire d'établir le cours forcé.

Rien de plus naturel de le déclarer, il en a été ainsi en France, en 1871, pour les billets de banque.

C'est l'amélioration la plus populaire que puisse jamais trouver un gouvernement.

Ce système est la solution de tous les problèmes financiers : sans emprunts ni impôts nouveaux.

(signé) Edouard GRARDEL

Tel est le billet de crédit. Son avénement ouvre une ère nouvelle pour toute la Terre.

Il résout toutes les questions sociales, politiques, et économiques, sans guerre civile, sans impôts nouveaux, sans malaise.

Il rend tous les citoyens riches ou tout au moins dans l'aisance, ce qui est un résultat unique. Puis il a ceci de très remarquable ; c'est qu'il peut être réalisé d'un jour à l'autre, sans la moindre perturbation.

On aurait bien tort de ne pas l'essayer rapidement.

10 rue Saint-Louis.

Amiens le 1er janvier 1911.

TABLE DES MATIÈRES

—

ACHEVÉ D'IMPRIMER

le six mai mil neuf cent onze par

BUSSIÈRE

A SAINT-AMAND (CHER)

pour le compte de

A. MESSEIN

éditeur

19, QUAI SAINT-MICHEL, 19

PARIS (V⁰)

LIBRAIRIE LÉON VANIER, ÉDITEUR

A. MESSEIN, Succr

19, Quai Saint-Michel, Paris (5e).

Envoi franco contre mandat postal, timbres, etc.

— Dernières Nouveautés

PAUL VERLAINE

Œuvres Posthumes. Proses et vers, 1 vol. in-16 (dans le format et sur le papier des « *Œuvres complètes* » en 5 volumes). 1 vol. in-16 broché . . . . 6 fr. » »

Poésies religieuses. Etude-Préface de J.-K. Huysmans. 1 fort vol. in-12 . . . . 3 fr. 50

Voyage en France par un Français. Publié d'après le manuscrit inédit, par Louis Loviot. Etude politique, religieuse et littéraire 1 vol. in-12 broché . . . . . . 3 fr. 50

J.-K. HUYSMANS

Trois Primitifs. Etude critique. Les Grünewald du Musée de Colmar, Le Maitre de Flémalle et la Florentine du Musée de Francfort-sur-le-Mein 1 vol. in-8° avec illustrations. Prix . . . . 5 fr. » »

CHARLES MORICE

Du Sens religieux de la Poésie. 1 vol. in-12 br. 3 fr. » »

JOHN-ANTOINE NAU
(Lauréat de l'Académie des Goncourt)

La Gennia. Roman spirite hétérodoxe. 1 vol. in-12 3 fr. 50

AUGUSTIN REGNAULT

La France sous le second Empire 1852-1870. Etude critique. 1 fort volume in-12 . . . . 3 fr. 50

FRANÇOIS BOURNAND et R. GROS

Au pays du Dollar. Notes, indiscrétions, souvenirs. 1 vol. in-12 richement illustré de photographies documentaires. 1 vol. in-12 broché . . . . 3 fr. 50

ADOLPHE RETTÉ

Du Diable à Dieu. *Histoire d'une Conversion.* Préface de François Coppée. 1 vol. in-12 broché . . . . 3 fr. 50

Le Règne de la Bête. Roman catholique. 1 vol. in-12 broché. Prix . . . . 3 fr. 50

Un Séjour à Lourdes. Histoire d'un pèlerinage à pied. Impressions d'un Brancardier. 1 vol. in-12 broché . 3 fr. 50

Sous l'Etoile du Matin. Etude de psychologie expérimentale. Œuvre d'art autant que d'édification. 1 vol. in-12 br. 3 fr. 50

SAINT-AMAND (CHER) — IMPRIMERIE BUSSIÈRE

www.ingramcontent.com/pod-product-compliance
Lightning Source LLC
Chambersburg PA
CBHW070804210326
41520CB00011B/1821